글, 콘티 **이주영**

스무살부터 주식투자를 시작해서 20년 넘게 투자 일을 하고 있다. 주식에 관한 여러 권의 책을 출간했다. 경제와 투자에 관한 교육이 자본주의 사회를 살아가는 사람들에게 큰 힘이 될 거라 생각하고 경제교육에 힘쓰고 있다. 돈또니와 아띠는 아이들이 경제와 투자에 대해 재미있고 쉽게 받아들일 수 있게 쓴 책이다. 현재 유튜브 채널 "슈퍼개미 이주영"을 운영 중이다.

유튜브 채널 "돈또니와 아띠"는 아이들을 위한 경제교육 채널입니다.
"돈또니와 아띠" 로 놀러 오세요!

엄마아빠께....

엄마아빠와 처음 시작하는 돈 공부

우리 아이 돈 공부는 어떻게 시작해야 할까요? 사실 우리 아이에게는 돈 공부보다 중요한 공부가 많습니다. 국어, 영어, 수학, 피아노, 바이올린, 태권도, 축구 외에 예절과 사회생활 그리고 친구 관계까지… 한명의 아이를 키우기 위해서는 한 마을이 필요하다는 말에 부모라면 누구나 고개를 끄덕이게 됩니다.

하지만 어른인 우리에게 인생에서 가장 큰 어려움이 무엇인지 묻는다면 그것은 국어도 영어도 수학도 아니고, 피아노도 축구도 아닙니다. 바로 '돈' 문제죠. 돈 문제는 어른인 우리에게도 큰 짐이며 고통입니다. 그래서 어쩌면 사랑하는 우리 아이는 최대한 돈에 대한 고민과 생각을 나중에 했으면 할지 모릅니다. 아마 저도 투자 일을 하지 않았다면 최대한 늦게 돈에 대해서 가르치고 싶었을 것입니다. 일단 '돈'이라는 문제를 생각하면 어른도 골치가 아프기 때문입니다.

하지만 이런 생각을 해보진 않으셨을까요? '어릴 때부터 누군가 돈에 대해서 가르쳐 줬다면 내 인생은 달라졌을 텐데…' 이러한 생각이 출발점이 되어 이 책을 만들기 시작했습니다. 우리 아이들이 어렸을 때부터 돈에 대해서 어렴풋이라도 알게 된다면, 아니 엄마아빠와 제대로 이야기를 나누어 보기만 하더라도 앞으로 살아갈 세상이 분명히 달라질 거라 생각했습니다.

돈에 대한 공부에 '정답은 없다' 고 생각합니다. 돈은 늘 바뀌기 때문입니다. 하지만 어린 시절 엄마아빠 그리고 돈또니, 아띠와 함께한 돈에 대한 이야기는 어떤 의미로든 아이가 자본주의 사회를 살아갈 때 큰 영양분이자 밑바탕이 될 거라 생각합니다.

사랑하는 자녀가 돈또니, 아띠와 함께 즐겁고 의미 있는 돈여행을 시작했으면 하는 바람입니다.

등장인물

돈또니

신비로운 전설 속 풍요로운 돈나라에서 여행을 떠나온 돈또니. 어느 날 대한민국이 너무 좋아서 한국돈 '원'이 되기로 했다.
돈또니는 어린이 친구들에게 작은 돈이 큰돈이 되는 방법을 알려 주고 싶어 한다.
돈또니는 밝고 똑똑하며 손재주가 좋다.

아띠

돈또니의 친구, 작은 씨앗(Seed).
명랑하고 호기심이 많다.
돈또니와 함께 쑥쑥 자라
큰 나무가 되고 싶다.
*씨드(Seed): 재테크 할 때 기초가 되는 종잣돈

달슨

미국에서 온 친구.
호기심이 많고 운동을 좋아한다.
힘이 세고 자신감이 넘친다.

유리아

유럽에서 온 친구.
미술과 음악을 잘하고 좋아한다.
섬세하고 우아한 매력이 있다.

위홍

중국에서 온 친구.
호탕하고 밝은 성격이다.
요리를 좋아해서 음식을 잘한다.
특히 친구들에게 맛있는 음식을
해주는 것을 좋아한다.

환율

4권은 환율에 대한 이야기입니다. 환율의 사전적 정의는 '한 나라의 화폐와 외국화폐의 교환비율'입니다. 환율은 어른들에게도 친숙한 개념은 아닙니다. 일상생활을 하면서 환율에 대해서 생각하지 않기 때문입니다. 환율을 의식하며 살펴 볼 때는 보통 해외여행을 가거나 경제의 큰 이슈가 생겼을 때 정도입니다.

하지만 아이들이 어릴 때부터 환율의 개념을 이해하고 친숙해지는 것은 매우 중요하다고 생각합니다. 외환 시장에서는 각 나라의 돈이 시장에서 물건을 사고팔 때처럼 가격이 변하는 것을 매일 눈으로 확인할 수 있습니다. 그래서 돈이 단지 편리를 위해 만들어진 상품이자 물건일 뿐이라는 개념을 외환 시장에서 거래되는 돈을 보면 더욱더 쉽게 이해할 수 있게 됩니다.

돈은 매일 외환 시장에서 수요와 공급의 원리로 거래되고 각 나라의 발전과 경제 상황에 따라 변한다는 것을 어렸을 때부터 이해하게 된다면 끊임없이 변화하는 자본주의 시스템을 자연스럽게 받아들일 것이라 생각합니다.

외환 시장에서 돈은 물건처럼 매일 거래된다는 점, 돈에도 가격이 있다는 점, 그리고 그러한 가격이 매일 변동한다는 점을 중심으로 이야기를 나누면 좋을 것 같습니다.

또한 외환 시장에서 매일 거래되는 돈의 가격을 적으며 각 나라의 돈을 비교해서 어느 나라 돈이 더 가격이 높은지, 가치가 있는지에 대해서 함께 이야기하다 보면 자연스럽게 돈의 상품성을 이해하게 되고 돈을 시장의 물건처럼 대하게 될 것이라 기대합니다.

더 나아가 그렇다면 앞으로는 어느 나라 돈이 더 가치 있어질지, 대한민국의 돈의 가치는 앞으로 어떻게 될 것 같은지, 어떻게 해야 대한민국의 돈이 더 가치가 있어질지 등의 질문을 던지고 이야기를 나눠봅시다. 우리아이가 돈을 바라보는 시각이 확실히 달라지지 않을까요?

세계의 돈!

가이드

아이들이 각 나라의 돈을 친근하게 느끼게 하기 위해 귀여운 캐릭터로 만들어 보았습니다.

친구들 얼굴을 자세히 봐!

나라 : 대한민국

이름 : 원화 (별명: 돈또니)

만든 곳 : 한국은행

달슨을 소개할게

나라 : 미국

이름 : 달러 (별명: 달슨)

만든 곳 : 미국중앙은행

유리아와 위홍이를 소개할게!

또니 친구들은 나라마다 달라!

그래서 세계에는 많은 친구들이 있어!

그래서 다양한 돈이 있어!

돈또니 친구들은 왜 다 다르게 생겼지?

> 우리는 모두 다른 나라에서 왔어!
> 잘 부탁해 친구야!

가이드

각 나라마다 정부와 중앙은행이 다르기 때문에 돈의 모양과 가치가 다르다는 점을 이야기 해주세요. 그리고 각 나라 화폐의 도안(그림)을 보면서 나라가 상징하는 것에 대해서 이야기를 나누어 봅니다.

우와~ 돈도 시장에서
사고팔다니!
진짜 물건 같아!

돈은 종이로 만든
물건이구나!
난 종이로 개구리 접는 걸
좋아해! 헤헤….

외환시장에서
우리나라 돈을 외국돈을 받고
팔기도 하고
우리나라 돈을 내고 외국돈을
사기도 하는 거구나!

엄마아빠랑
외국여행을 할 때는
그 나라 돈으로 바꿔서
가야겠다!

가이드

각 나라마다 모양이 다른 것뿐만 아니라 돈에 적혀 있는 숫자의 단위도 다르다는 점을 이야기해 줍니다. 그리고 숫자가 다르기 때문에 해외여행을 할 때는 돈을 그 나라 돈으로 바꿔야 한다는(환전) 이야기도 나누어 봅니다.

돈은 원래부터 소중하고 중요한 건 줄 알았는데….

신발 공장에서 신발을 만드는 것처럼 각 나라의 은행에서 만들어진 거구나!

그럼 신발처럼 시장에서 남들보다 '돈'을 싸게 살수도 있겠네?

싸게 사고 비싸게 팔아서 남는 돈으로 장난감을 사고 싶어!

가이드

종이돈은 각 나라의 중앙은행에서 만들어 내는 상품이라는 이야기를 나누어 봅니다. 각 나라에서 만든 돈은 언제든지 외환 시장에서 물건처럼 거래될 수 있다는 것을 이해시켜 줍니다.

세상의 많은 돈이 지금 이 순간에도 외환 시장에서 사고팔리고 있어!

가이드

각종 검색사이트(ex. 네이버, 구글 등)를 통해 환율을 보여주면서 오늘도 외환 시장에서 계속해서 각 나라의 돈이 거래되고 있다는 것을 알려줍니다.

그런데 돈또니야, 궁금한 게 생겼어! 사람들이 매일매일 돈을 사고팔면 돈의 가격도 매일매일 달라지는 거야?

가이드

각종 검색사이트(ex. 네이버, 구글 등)를 참고해서 오늘의 환율을 직접 적어 보도록 합니다.

1000원을 주면 몇 달러를 받을 수 있지?
이렇게 돈끼리 비교하는 걸 '환율'이라고 해.

각 나라마다 돈의 모양이 다르고 숫자도 달라서 다른 나라 돈으로 물건을 사려면 바로 계산하기가 어려워.

달러로 얼마를 받아야 하지? 숫자가 달라서 헷갈려! 우리나라 돈이면 계산하기 쉬운데….

가이드

각 나라의 돈의 숫자(단위)가 다르기 때문에 환율이 없으면 거래에 어려움이 있다는 점을 이야기 합니다.

나라마다 잘하는 일이 다르고 잘 만드는 물건이 달라!

난 전쟁에 관심이 많아! 그래서 전투기, 탱크를 잘 만들어!

난 예술에 관심이 많아! 그림과 음악을 좋아해! 내 노래를 들어볼래?

가이드

나라마다 자원이 다르고 경제 상황과 발전 산업이 다르기 때문에 돈의 가격은 매일 바뀝니다.

돈끼리 비교하는걸 '환율'이라고 했지?
비교하려면 돈의 진짜 가격이 필요해!
돈의 진짜 가격을 '금리'라고 해.

난 금리가 3%야

3%

각 나라의 중앙은행은 돈을 보호하기 위해서 진짜 돈의 가격을 정해줘! 그걸 '금리' 라고 불러!

난 금리가 3.5%야

3.5%

※ 금리 : 금리란 한마디로 돈의 가격이다. 일반 시장에서 물건을 사고팔 때 가격이 존재하듯이 돈을 빌려주고 받는 금융시장에서도 일종의 가격이 형성된다.

가이드

돈의 진짜 가격은 돈을 만들어낸 각 나라의 중앙은행에서 금리로 정한다는 점에 대해서 이야기 해줍니다. 돈이 너무 많아지면 물가가 빠르게 상승하고 돈이 너무 적어지면 경제가 힘들어지기 때문에 균형을 맞추기 위해서 각 나라마다 중앙은행에서 금리를 조절한다는 점을 이해시켜 줍니다.

아띠의 코끼리 인형 비싸게 팔기 힘든 거 기억하지?
돈도 시장에서 더 비싸게 팔리기 위해서 매일매일 경쟁을 하고 있어!

어떻게 매일매일 달리기 시합을 해? 대단하다.

너희들은 지치지도 않니?

가이드

돈이라는 상품의 경쟁은 결국 국가 간의 경쟁이라는 점을 이야기해 줍니다. 국력이 올라갈수록 돈의 가치는 올라갑니다. 반대로 나라가 힘이 없어지면 돈의 가치도 하락한다는 점을 이해시켜주세요. 각 국가는 돈의 가치를 올리기 위해서 오늘도 어떤 노력을 하고 있는지 이야기 나누어 볼까요?

오늘도 열심히 운동해야지!

내가 새로 만든 노래 들어 볼래?

난 계속 요리를 연구해! 내가 새롭게 만든 맛나 자장면 먹어 볼래?

가이드

시장에서 물건이 비싸게 팔리는 원리에 대해 설명하면서 대한민국의 돈이 더 가치가 있어지려면 무엇이 필요한지에 대해서 이야기 나누어 봅니다.

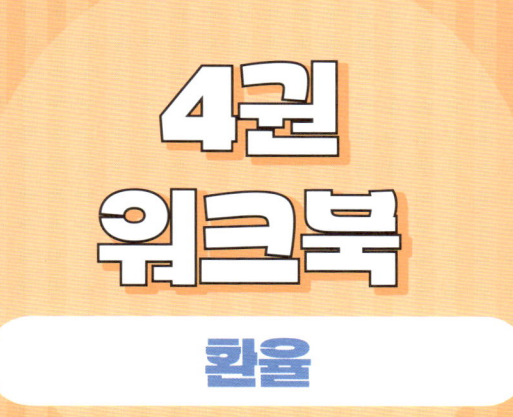

돈또니와 아띠의 친구들을 그려봐!

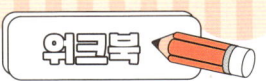

5만원권을 자세히 보고 따라 그려볼까?

5만원권에 그려진 인물은 신사임당이야!

달러를 자세히 보고 따라 그려볼까?

안녕?
난 달러화인
달슨이라고 해.
내가 사는 곳은
미국이야!

위안을 자세히 보고 따라 그려볼까?

유로를 자세히 보고 따라 그려볼까?

안녕?
난 유로화인
유리아라고 해.
내가 사는 곳은
유럽이야!

돈또니와 아띠의 친구들을 찾아봐요!

지도에서 친구들이 사는 곳을 지도에 표시해 보세요!

친구들은 어디에서 왔을까?

이름: 돈또니
국적: 한국

이름: 위홍
국적: 중국

환율에 대해서 알아볼까요?

돈또니가 미국 쇼핑몰에서 과자를 사기 위해서는 우리나라 원화를 사용 할 수 있을까요?

예 / 아니오

돈또니는 가지고 있는 우리나라 돈을 미국돈을 [   ]로 바꾸어야 합니다. 그때 사용되는 것이 바로 환율입니다. 환율이란 우리돈을 사는 외국돈의 가격을 말합니다.

환율(exchange rate)은 한 나라의 돈과 다른 나라의 교환 비율이야. 보통 미국 달러로 비교해!

1달러($)는 몇 □ 원일까요?

친구들이 속한 나라의 돈 모양을 찾아볼까요?

원화

미국

달러

유럽연합

위안화

대한민국

유로화

중국

각 나라의 인구수와 GDP를 적어볼까요?
(검색을 통해 적어보세요!)

	인구수	
유럽	GDP	

GDP: 나라에서 이루어진 모든 생산활동을
(국내 총생산) 합한 수치

외국과 물건을 매일 사고팔고 있어요!

우리나라에서 만든 제품 중 외국인들이 좋아할 만한 것들은 무엇이 있을까?

반도체

자동차

스마트폰

배

또 어떤 제품이 있을까요?

외국 제품 중 우리나라 사람들이 좋아할 만한 것들은 무엇이 있을까?

석유

커피 원두

항공기

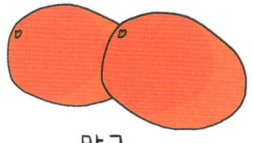

망고

또 어떤 제품이 있을까요?

워크북

외환시장에서 거래되고 있는 오늘의 환율을 알아볼까?

| 환율 | 돈또니 검색창 |

미국 USD 1달러
[달러]

일본 JPY 100엔
[엔]

유럽연합 EUR 1유로
[유로]

중국 CNY 1위안
[위안]

영국 GBP 1파운드
[파운드]

호주 AUD 1달러
[달러]

코끼리의 가격은 나라마다 단위가 달라져요!

나라마다 돈 단위가 달라! 3만원은 몇 유로일까?

한국: 30000 원 유럽: ☐ 유로

미국: ☐ 달러 중국: ☐ 위안

우리나라 돈 10000원 (₩)은 다른 나라 돈으로는 얼마일까요?

- 10000원(₩) = [ ] 달러($)
- 10000원(₩) = [ ] 유로(€)
- 10000원(₩) = [ ] 위안(¥)

10년 동안 변화한 원화와 달러의 가격을 차트로 알아볼까?

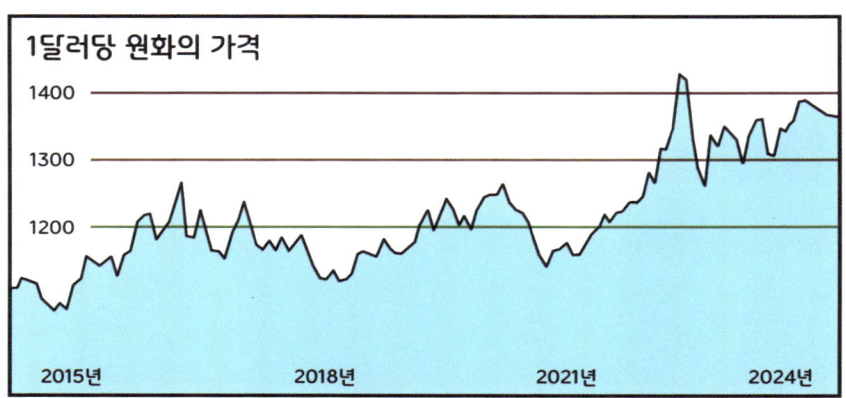

초판 1쇄 2025년 3월 3일

글, 콘티 이주영
제작 돈또니경제교육
펴낸이 이주영
펴낸곳 돈또니
출판등록 제 373-2023-000012호
주소 울산광역시 울주군 범서읍 대리로 105 이림빌딩 5층
이메일 koko0614@hanmail.net
유튜브 돈또니와 아띠

ISBN 979-11-991070-52

돈또니경제교육 Corp All Rights Reserved.
책값은 뒤표지에 있습니다.
이 책은 저작권법에 따라 보호받는 저작물이므로 무단복제를 금지하며
이 책 내용을 이용하려면 저작권자와 돈또니경제교육의 서면동의를 받아야 합니다.